Warum Europa sein Schicksal selbst in die Hand nehmen muss

Veritas

Heft 1

Lothar Thürmer

Warum Europa sein Schicksal selbst in die Hand nehmen muss

Vorwort

Dieses Heft enthält das Manuskript für einen Vortrag, den ich am 29. Juni 2022 vor dem Rotary Club Schwabmünchen gehalten habe. Die Resonanz darauf hat mich zur Veröffentlichung ermutigt.

Der Vortrag hat einen großen Bogen vom Krieg in der Ukraine über langfristige geopolitische Herausforderungen bis hin zu sicherheits- und wirtschaftspolitischen Aufgaben Europas gespannt. Und er hat deutlich gemacht, dass die Europäische Union in strategisch wichtigen Bereichen besser werden muss.

Sonst könnte sie zum Spielball der Weltmächte werden.

Ziel dieser neuen Reihe „Veritas" ist es, den Leser mit kurzen, prägnanten und leicht verständlichen Texten dabei zu unterstützen, Fragen der Zeit einzuordnen.

Friedberg, im Juli 2022

**Warum Europa sein Schicksal
selbst in die Hand nehmen muss**

Es sind äußerst gefährliche Zeiten,
in denen wir leben.
Wir werden mit einer
„Zusammenballung" von
Herausforderungen und Krisen
konfrontiert, wie wir sie seit
Jahrzehnten nicht mehr hatten.
Alte, ungelöste Probleme treffen
auf neue.
Und die verstärken die alten.

Ein schwerer Krieg unmittelbar vor
unserer Haustüre: Das war für
viele von uns vor Kurzem nur
schwer vorstellbar.

Fehlende Vorstellungskraft hat
aber auch an anderer Stelle zu
großer Ernüchterung geführt –
etwa bei der Corona-Pandemie,
der Klima-Katastrophe, der
Energie-Krise und der Inflation.

Diese hat soziale Sprengkraft und
kann zu politischen Verwerfungen
führen.
Umso mehr, als staatliche
Umverteilungspolitik wohl
endgültig an Grenzen stößt.

Die EZB kann die Preissteigerung
jetzt wohl nur noch unter
Inkaufnahme einer schweren
Stabilisierungskrise in den Griff
bekommen.

Dazu könnten eine Staats-
schuldenkrise, eine Krise auf den
Immobilienmärkten, ein
Börseneinbruch und eine
Rezession gehören.
Dazu kann es kommen, muss es
aber nicht.

Und auch wenn die EZB sich
winden sollte, die Zinsschraube
kräftig anzuziehen: Die Probleme
verschwinden nicht einfach.
Und ungelöste Probleme werden
am Ende nur noch größer und
erfordern immer schmerzhaftere
Eingriffe.
Ganz besonders gilt das, wenn
man in der „Inflationsfalle" sitzt.

Das ganze Ausmaß der „multiplen Krise", in der wir stecken, werden wir wohl erst in einiger Zeit erkennen können.

Aber schon jetzt steht fest: Der russische Angriff auf die Ukraine hat Fehlentwicklungen europäischer Politik schonungslos offengelegt:

- Wir sind nicht ausreichend wehrhaft. Darauf komme ich noch zurück.

- Unsere Energieversorgung ist viel zu abhängig von Russland. Im Rückblick war es ein großer Fehler, eine prekäre Abhängigkeit als

Preis für Kostenvorteile in Kauf zu nehmen.

- Unser Geschäftsmodell einer überwiegend effizienzorientierten Globalisierung - mit freiem Welthandel, jederzeit verfügbaren Rohstoffen und billiger Energie - reagiert extrem empfindlich auf externe Schocks, etwa auf Angebotsverknappungen oder gerissene Lieferketten.

Der Epochenbruch in Europa beschleunigt zugleich den Umbruch der Weltordnung. Demokratien befinden sich weltweit auf dem Rückzug.

Autoritäre Staaten sind auf dem
Vormarsch.
Besonders kritisch ist die
Entwicklung Chinas.

Xi Jinping träumt von einer Welt
unter seiner Kontrolle!
Seine Vision läuft auf Dominanz
und Unterordnung hinaus.

Auf diese gefährlichen Zeiten muss
Europa Antworten finden.
Worin sieht es seine Rolle in der
Welt?
Will es ein Global Player sein oder
nur Spielball der Weltmächte?
Wollen wir die Welt mitgestalten
oder ordnen wir uns der
Gestaltungskraft anderer unter?
Europa muss sich entscheiden:

Unterordnung und
Bedeutungslosigkeit oder
Aufbruch und Selbstbehauptung!

Leider ist Europa ist auf die neue
Zeit schlecht vorbereitet.
Wirtschaftlich sind wir von Peking
noch weitaus stärker abhängig als
von Moskau.
Einige Unternehmen haben fast
alles auf die China-Karte gesetzt.
Kurzfristige Gewinne waren
wichtiger als strategische
Interessen.
Jetzt wird uns der Abbau von
Abhängigkeiten im Chinageschäft
schwer zu schaffen machen.

Im Bereich der Verteidigung sieht
es nicht besser aus, im Gegenteil:

„Ohne die USA wäre Europa Putins
Imperialismus weitgehend hilflos
ausgeliefert" (Jens Münchrath).

„Unsere Streitkräfte in Europa,
leider als Negativbeispiel allen
voran die deutsche Bundeswehr,
waren noch nie in einem so
miserablen Zustand."
Das sage nicht ich, das hat Erich
Vad gesagt, ehemals Sicherheits-
berater von Angela Merkel.

Der Ukraine-Krieg hat hier zwar
eine Kehrtwende eingeleitet.
Immerhin will Deutschland im
Durchschnitt der kommenden fünf
Jahre zwei Prozent seiner
Wirtschaftsleistung in die
Verteidigung investieren.

Aber:

- Fähigkeitsdefizite kann man nicht über Nacht beseitigen.
- Und auch wenn es mittelfristig mit dem 100-Milliarden-Euro-Paket gelingen wird, die deutsche Bundeswehr zu ertüchtigen: „Wir müssen Verteidigung europäisch denken," so der Vorstandsvorsitzende von Airbus, Guillaume Faury.
- Und da sieht´s nicht gut aus: „In den vergangenen 20 Jahren sind die Verteidigungsausgaben in Europa um 20 Prozent gestiegen, in den USA um 66 Prozent,

Russland hat um 300
Prozent und China um 600
Prozent zugelegt.“

Es ist höchste Zeit für eine
Zeitenwende in Europa.
Diese setzt aber handlungsfähige
Institutionen voraus.

Bisher ist das wohl größte
Hindernis für eine
handlungsfähige europäische
Außen- und Sicherheitspolitik das
Prinzip der einstimmigen
Entscheidung bei Ratsbeschlüssen.

Warum? Weil beim Erfordernis
der Einstimmigkeit jeder
Mitgliedstaat mit einem Veto eine

gemeinsame Beschlussfassung verhindern kann!
Das führt in der Praxis häufig zu einer lähmenden Blockade.
Fast schon ein „Dauerblockierer" scheint Ungarn zu sein.

Aber wie kann man die Blockade auflösen? Dafür gibt es zwei Optionen.

Die erste: Vergemeinschaftung der europäischen Außen- und Sicherheitspolitik - mit einem einstimmigen Beschluss.
Dann könnten Entscheidungen mit qualifizierten Mehrheiten vom Rat der EU unter Einbeziehung des Europäischen Parlamentes getroffen werden.

Das wäre der Königsweg.
Aber es ist wohl mehr als fraglich,
ob wir ihn beschreiten werden.
Denn es erscheint illusorisch, dass
nicht nur Viktor Orban, sondern
auch alle anderen das tun, was
dafür erforderlich wäre, nämlich:
Macht abtreten.

Die Vereinigten Staaten von
Europa – mit Kompetenzen für
Angelegenheiten von
europäischer Bedeutung – werden
wohl ein Traum bleiben.

Deshalb sollte die EU auf eine
verstärkte Zusammenarbeit von
Mitgliedstaaten im Rahmen der
derzeitigen Verträge setzen.

Und das ist die zweite Möglichkeit,
um den lähmenden Stillstand zu
überwinden: Integrationswillige
Staaten können vorangehen!
Im Ergebnis hätten wir ein Europa
der „unterschiedlichen
Geschwindigkeiten".
Das wäre der „pragmatische
Weg".

Egal welchen Weg - einen von
beiden muss die EU beschreiten.
Denn ohne effiziente Institutionen
kann es keinen Aufbruch Europas
geben!
Geschweige denn eine
Erweiterung der EU etwa um die
Ukraine und Moldau.

In der jetzigen Verfassung wäre
ein größeres Europa jedenfalls
kein stärkeres.

Aber selbst wenn Europa stärker
werden wird:
Im globalen Maßstab wird es noch
lange nicht so stark sein, dass es
allein den Lauf der Weltgeschichte
maßgeblich bestimmen könnte.

Es braucht geopolitische Partner,
auf die Verlass ist und die sich
auch auf uns verlassen können.

Bislang verfolgen wir eine riskante
„Doppelstrategie":

- Einerseits kooperieren wir
  wirtschaftlich eng mit China

– mit der Folge, dass wir das
Reich der Mitte stärken und
so Amerikas Position im
Kampf der Supermächte
schwächen.

- Andererseits aber erwarten
  wir ausgerechnet von den
  USA, dass sie für uns
  sicherheitspolitisch die
  Kohlen aus dem Feuer
  holen.

Diesen „Schlingerkurs" des
Sowohl-als-auch weiter
fortzusetzen, wäre hochgradig
gefährlich!
Denn Europa ist nicht auf
Augenhöhe mit den
Supermächten.

Und solange das so ist, sollten wir
wissen, an wessen Seite wir
stehen – und uns dazu auch klar
und eindeutig bekennen.

Wenn wir das nicht tun, laufen wir
Gefahr, dass China uns nicht ernst
nimmt und Amerika uns fallen
lässt.

Europa muss sich entscheiden!
Und dabei muss es wirtschaftliche
Interessen mit sicherheits-
politischen Anliegen und
europäischen Werten abwägen.
Es darf jedenfalls keinen A-priori-
Primat der Ökonomie geben!

„Freiheit ist wichtiger als
Freihandel. Der Schutz unserer

Werte ist wichtiger als der Profit"
– so völlig zu Recht Nato-
Generalsekretär Jens Stoltenberg.

Vor diesem Hintergrund ist
vollkommen klar, dass sich Europa
für die USA entscheiden sollte:
Amerika steht unseren Werten
sehr viel näher als das
autokratische China!

Das ändert freilich nichts daran,
dass wir ein „Bündnis auf
Augenhöhe" anstreben sollten.
Denn es ist nicht sicher, ob wir uns
künftig auf Amerika überhaupt
verlassen können.
Vieles spricht dafür, aber es gibt
auch Risiken.

Ist nach Trump am Ende: vor
Trump? Manche sehen das so.

Wir sollten uns jedenfalls auf die
Möglichkeit einstellen, dass der
transatlantische Wind wieder
rauer wehen könnte.

In der neuen Weltordnung stehen
China und seine alliierten
Autokratien auf der einen Seite
und Demokratien mit offenen
Gesellschaften auf der anderen.

Das „demokratische Lager" wird
sich nur gemeinsam behaupten
können.

Europa, Nordamerika und Staaten
wie Indien, Japan, Südkorea,

Neuseeland und Australien müssen politisch und wirtschaftlich, technologisch und militärisch eng zusammenarbeiten.

Spätestens seit dem Ukraine-Krieg wissen wir: Frieden und Freiheit sind keine Selbstverständlichkeit. Sie haben einen Preis.

Europa muss seine sicherheitspolitischen Anstrengungen deutlich verstärken!

Man kann es drehen und wenden, wie man will:

Auf Dauer muss sich die
Europäische Union selbst, das
heißt unabhängig von den USA
verteidigen können.
Und dazu muss sie eigene
militärische Fähigkeiten
entwickeln.

Solange wir aber von Amerika
militärisch abhängig sind, müssen
wir uns der „erweiterten
Abschreckung" vergewissern - also
der Bereitschaft der USA, im Fall
eines nuklearen Angriffes auf
Europa auch amerikanische
Nuklearwaffen einzusetzen.

Deshalb müssen wir alles dafür
tun, damit die USA ein Interesse
an der Verteidigung Europas

behalten - auch und gerade dann, wenn Washington seinen strategischen Fokus auf Asien richtet.

Was also sollte Europa tun? Nun, es sollte

- unerschütterlich am transatlantischen Bündnis festhalten
- und innerhalb der Nato mehr eigene Stärke entwickeln – im konventionellen wie im nuklearen Bereich.

Europa braucht eine „gemeinsame" Sicherheits- und Verteidigungspolitik und eine „europäische Armee"!

Hier werden nicht alle 27
Mitgliedstaaten von Anfang an
mitmachen.
Mit dabei sein müssen aber in
jedem Fall Deutschland und die
Atommacht Frankreich.
Von diesen beiden sollte eine
gemeinsame Initiative ausgehen.

Es ist im Übrigen ja nicht so, dass
die Mitgliedstaaten der EU für ihre
Streitkräfte keine Mittel zur
Verfügung stellen würden.
Ganz im Gegenteil: Zusammen
geben sie für Verteidigung nahezu
dreimal so viel aus wie Russland.

Aber: Sie gehen dabei furchtbar
ineffizient zu Werke:

Sie haben 160 Waffensysteme
statt 30 wie die USA, die stärkste
Militärmacht.

Es gibt große Effizienzpotenziale
bei einer gemeinsamen
Entwicklung und Beschaffung von
Waffensystemen und bei der
Wartung von militärischem Gerät.

Europa könnte also bereits mit
den vorhandenen Mitteln über
weitaus größere Fähigkeiten
verfügen.
Aber das allein reicht natürlich
nicht.
Europa muss zusätzliche Mittel
mobilisieren.

Es braucht nicht nur eine robuste
konventionelle Streitmacht,
sondern auch eine glaubwürdige
atomare Abschreckung:
auch dann, wenn sich Amerika
zurückziehen sollte.

Warum? Große Kriege lassen sich
heute nur durch nukleare
Abschreckung verhindern.
Europa muss sich gegen eine
nukleare Erpressung durch
Russland schützen können -
notfalls auch durch die Androhung
begrenzter Atomschläge.

Machen wir uns nichts vor:
Der Weg zu einer militärisch
starken EU mit einer

glaubwürdigen atomaren
Abschreckung wird kein einfacher.
Aber wir müssen ihn gehen!

Und wenn doch nicht?
Dann könnte Europa zum Spielball
der Weltmächte werden.

Seine dann prekäre Rolle könnte
es irgendwo zwischen einem
sicherheitspolitischen
Trittbrettfahrer und einem
wirtschaftlichen Vasallen finden.
Und das kann Europa nicht wollen.

Also braucht es eine glaubwürdige
Abschreckung.
Und die setzt eine starke
Wirtschaft voraus.

Deshalb muss Europa in der Welt von morgen wirtschaftlich innovativer, resilienter und souveräner werden!

Vier Schlüsselbereiche vor allem sind es, die über Europas wirtschaftliche Zukunft entscheiden werden:

- Standortattraktivität für die Hightech-Industrie,

- fairer internationaler Wettbewerb, auch beim Klimaschutz („Level-Playing-Field"),

- Integration in normsetzende
  Wirtschaftsräume und
  globale Infrastruktur-
  partnerschaften,

- Krisenfestigkeit strategisch
  relevanter Bereiche.

Für eine ausführliche Befassung
mit diesem Themenkomplex
verweise ich auf „Aufbruch.
Europa muss sich entscheiden"
(2022). Hier möchte ich nur zwei
kurze Anmerkungen machen.

Die erste: Krieg und Corona haben
die „naive" Globalisierungs-
euphorie endgültig „entzaubert".

Larry Fink, Chef von BlackRock, stellt fest, dass die russische Invasion in die Ukraine „der Globalisierung, wie wir sie aus den vergangenen drei Jahrzehnten kennen, ein Ende gesetzt" habe.

Das bedeutet freilich nicht das Ende der Globalisierung schlechthin.
Diese wird es auch künftig geben.
Aber es wird zu einer neuen Gewichtung von Effizienz und Resilienz kommen.

Resilienz bedeutet: mehr Krisenfestigkeit, weniger Verwundbarkeit und weniger Abhängigkeit etwa bei fossilen Energien oder kritischen

Rohstoffen wie den Seltenen Erden, aber auch bei technologisch hochstehenden Produkten und Halbleitern.

Gerade die Halbleiterindustrie ist ein gutes Beispiel für einen sinnvollen „Rückbau der Globalisierung".

Hierzu will ich aus einem lesenswerten Artikel in Handelsblatt Online vom 31. Januar zitieren:
„Chips sind zu Schlüsselkomponenten für praktisch alle Industrieprodukte geworden. Sie stecken in Autos, Spülmaschinen und Handys, werden immer kleiner, effizienter und schneller –

aber sie kommen überwiegend
aus Übersee. Von den technisch
anspruchsvollsten Chips mit
Strukturgrößen von weniger als
zehn Nanometern stammt die
Hälfte aus Taiwan und knapp ein
Fünftel aus Südkorea".

Wenn es in Taiwan eines Tages
„krachen" sollte - und
auszuschließen ist das ja ganz und
gar nicht -, dann hätten wir ein
echtes Problem.
Im Vergleich dazu wären die
derzeitigen Lieferengpässe wohl
eher „Peanuts".
Europa muss hier Vorsorge
treffen!

Inzwischen sind wir auf einem
guten Weg, wie die Ansiedlung
von Intel in Magdeburg zeigt.

Meine zweite Anmerkung betrifft
den Klimaschutz:
Er muss mit einem fairen
Wettbewerb einhergehen!

Am besten wäre die volle
Beteiligung Chinas an einem
Emissionshandel, an dem auch
Europa und die USA teilnehmen.

So würde ein „Klima-Klub"
entstehen, dessen Mitglieder
einen CO2-Preis erheben, der
nicht unter ein bestimmtes Niveau
fallen darf und so einen fairen
Wettbewerb ermöglicht.

Leider ist dieser „klimapolitische
Königsweg" derzeit nicht gangbar!
Vielmehr ist zu befürchten, dass
China klimapolitisch dauerhaft
„hinterherhinken" will, um sich so
weitere Vorteile im geo-
ökonomischen Wettbewerb zu
verschaffen.

Sogar noch schlimmer ist: China
räumt seiner militärischen
Aufrüstung offenkundig Vorrang
ein vor einem konsequenten
Klimaschutz.

Europäische Klimapolitik darf
geostrategisch nicht blind sein.
Europa kann das Weltklima nicht
retten: ohne China und auch ohne
die USA, deren Administration

durch den Supreme Court gerade
einen historischen Rückschlag für
ihre Klimaschutzanstrengungen
erhalten hat.

Was wir aber schon können und
auch mit aller Kraft tun sollten:
- uns anpassen an die Folgen
  der Erderwärmung,
- uns militärisch ertüchtigen
  und
- digital zur Weltspitze
  aufschließen.

Europa kann viel mehr, als es sich
heute zutraut, wenn es nur will:
Es kann wirtschaftlich innovativ,
militärisch stark und politisch
handlungsfähig sein!

Und auf dieser Grundlage kann es
dann auch sehr selbstbewusst
auftreten:

Es gibt keine andere Region auf
der Welt, in der

- man so sicher, so frei und so
  demokratisch leben kann,
- die Schwächeren so viel
  Unterstützung durch Staat
  und Gesellschaft erfahren
  und
- Umweltschutz einen so
  hohen Stellenwert hat.

Zur Identität Europas gehört aber
auch das mutige Bekenntnis zu
seinen Werten.

Ein Wertebekenntnis allein
definiert natürlich noch kein
verantwortungsvolles politisches
Handeln.
Hinzu kommen muss ein
Pragmatismus, der die Wirklichkeit
in ihren Auswirkungen auf den
eigenen Gestaltungsspielraum
berücksichtigt.

Aber eines steht fest: Außenpolitik
darf europäische Werte nicht
einfach auf dem Altar
wirtschaftlicher Interessen opfern.
Außenpolitik muss viel mehr sein
als „nur" Außenwirtschaftspolitik!
Es wäre völlig inakzeptabel, aus
wirtschaftlichen Gründen alles zu
unterlassen, was China verärgern
könnte.

War unser Schweigen über das
unsägliche Leid der Uiguren der
Preis für einen Teil unseres
Wohlstandes?
Und wäre unser gutes Leben ein
Stück weit in Gefahr, wenn wir
diesen Preis nicht länger zu zahlen
bereit sind?

Auf kurze und mittlere Sicht:
vielleicht schon!
Auf lange Sicht aber würden wir
unsere Chancen auf ein Leben in
Freiheit und Würde eher
verbessern.

Der Westen darf jedenfalls – in
Anlehnung an Wladimir Iljitsch
Lenin –nicht den Ehrgeiz
entwickeln, Xi Jinping auch noch

den Strick zu verkaufen, mit dem
dieser Diktator die freie Welt
aufknüpft.
Das wäre eine schon extreme
Form der Unterwerfung!

Die EU muss: den Aufbruch
wagen!
Auch deshalb, weil Milliarden
Menschen auf der Welt in Europas
Werten ein Versprechen auf eine
bessere Zukunft sehen.

Dieses Versprechen einzulösen -
danach lasst uns streben!

Nachwort

Die Europäische Union kann
politisch handlungsfähig,
wirtschaftlich führend und
militärisch stark werden, wenn sie
ihr Schicksal selbst in die Hand
nimmt.

Vor allem muss der alte Kontinent
endlich mehr sicherheitspolitische
Verantwortung übernehmen.
Dazu gehören deutlich steigende
Verteidigungsanstrengungen der
EU-Mitgliedstaaten und ganz
besonders von Deutschland, eine
effektivere Zusammenarbeit
zwischen den Ländern und ein
neues Zusammenspiel von
robusten konventionellen Kräften

und nuklearer Abschreckung.
Solange die EU militärisch von den
USA abhängig ist, muss sie sich der
"erweiterten Abschreckung"
versichern.

Noch sind wir von Autokratien
wirtschaftlich viel zu abhängig. EU-
Europa muss danach streben,
diese Abhängigkeiten zu
verringern und resilienter zu
werden – nicht nur bei Energie
und Rohstoffen. Wir müssen
langfristig denken und aufpassen,
dass wir nicht das russische
Klumpenrisiko der „Old Economy"
durch ein chinesisches
Klumpenrisiko der „New
Economy" ersetzen.

Dann würden wir vom Regen in
die Traufe kommen. Das Risiko ist
groß. Außerdem: Klimaschutz darf
nicht zu Lasten eines fairen
Wettbewerbs gehen. Europa darf
geostrategisch nicht blind sein.

Europa braucht verbündete
Demokratien und gleichgesinnte
Partner für die
Auseinandersetzung mit
Autokratien. Die Welt ist keine
Gemeinschaft, die mit Ernst,
Empathie und Engagement auf der
Grundlage gemeinsamer Werte
gleiche Ziele verfolgen würde.
Staaten versuchen vielmehr, mit
unterschiedlichen Mitteln eigene
Interessen durchzusetzen.

Manche sehen den Krieg als Fortsetzung der Politik mit anderen Mitteln. Demokratische Staaten mit ähnlichen Werten und Interessen können sich in einem solchen Umfeld erfolgreicher durchsetzen, wenn sie Allianzen eingehen.

Europa muss Zielkonflikte offen adressieren und bereit sein, sich von Wohlstandsillusionen zu verabschieden. Freiheit ist nicht zum Nulltarif zu haben. Einen Teil unseres wirtschaftlichen Wohlstandes heute haben wir erkauft mit einem Anstieg von Risiken. Wir müssen ehrlicher werden!

Die Europäische Union muss ein relevanter und selbstbewusster Akteur auf der Bühne der Weltpolitik werden – durch Einigkeit und Stärke, Geschlossenheit und Entschlossenheit. Institutionelle Reformen sind Voraussetzung für einen Aufbruch Europas. In der heutigen Verfassung ist die EU kaum erweiterungsfähig.

Autor

Lothar Thürmer studierte
Wirtschaftswissenschaften in
Augsburg und Los Angeles.
Sein beruflicher Werdegang mit
Stationen in mehreren Ministerien
hat es mit sich gebracht, dass er
im Umfeld prägender
Persönlichkeiten und politischer
Vordenker arbeiten und lernen
durfte. Dazu gehörten Franz Josef
Strauß und Professor Kurt
Biedenkopf.
Heute befasst er sich mit
drängenden Zukunftsfragen.

Bisherige Veröffentlichungen bei Books on Demand, Norderstedt

Zur Zukunft des Klimas. Eine ernüchternde Botschaft, 2020

Fünf Thesen zur Klimapolitik, 2020

Zur Zukunft Europas in der Welt von morgen, 2021

Die Geburtstagsrede, 2021

Aufbruch. Europa muss sich entscheiden, 2022

Sieben Thesen zur Zukunft Europas, 2022